LE
DROIT DE MANANTAGE
À VESOUL, AU XVIIIᵉ SIÈCLE

Manuscrit inédit de l'Avocat Général BERGERET

PUBLIÉ PAR

ROGER ROUX

Conseiller à la Cour d'Appel de Besançon

Correspondant du Ministère de l'Instruction Publique

GRAY

ANCIENNE IMPRIMERIE ROUX

1928

LE
DROIT DE MANANTAGE
A VESOUL, AU XVIIIe SIÈCLE

Manuscrit inédit de l'Avocat Général BERGERET

PUBLIÉ PAR

ROGER ROUX

Conseiller à la Cour d'Appel de Besançon

Correspondant du Ministère de l'Instruction Publique

GRAY

ANCIENNE IMPRIMERIE ROUX

1928

Le droit de Manantage à Vesoul
au XVIIIe Siècle

Parmi les manuscrits inédits laissés par Jean-François Bergeret, avocat général au Parlement de Besançon, figurent entre autres des conclusions relatives à l'exercice du droit de manantage dans la ville de Vesoul au XVIIIe siècle. Dans un travail consacré à ce magistrat franc-comtois, nous en avons donné une analyse sommaire (1) ; mais nous croyons devoir en publier aujourd'hui le texte intégral, ainsi que celui de l'arrêt qui en fut la suite. Cette savante étude de Bergeret, bien que ne présentant plus qu'un intérêt rétrospectif, est remarquable par ses considérations historiques et juridiques ; le Parlement de Franche-Comté rendit d'ailleurs une décision conforme à la théorie soutenue par l'avocat général, à l'encontre de celle du Tribunal de Bailliage de Vesoul.

En principe, la qualité de *bourgeois*, à laquelle étaient attachés des privilèges souvent importants, s'acquérait par la naissance ou par la résidence plus ou moins longue (p. ex. un an et un jour à Paris). Ce droit de bourgeoisie ne s'accordait aux *étrangers* que moyennant une certaine somme payable chaque année ; en outre, une partie des avantages attachés à ce droit pouvait appartenir aux simples *résidents* ou *manants*, en vertu d'une concession particulière et à la charge par eux de verser aussi annuellement à la ville une redevance appelée *droit de manantage*.

Remarquons que ce mot de *manant* ne se prenait pas autrefois en mauvaise part, comme de nos jours ; les *manants* (du latin *manens*) étaient les hommes qui demeuraient habituellement dans un pays, ceux que les coutumes appelaient encore les *hommes levant et couchant*. Comme les manants étaient souvent attachés au sol et soumis au droit de poursuite, on les confondit avec les serfs et le mot *manant* devint un terme de mépris. Il y a là un curieux exemple des vicissitudes philologiques puisque, après avoir désigné au Moyen-Âge l'homme

---

(1) Un magistrat lettré franc-comtois, Jean-François Bergeret, avocat général au Parlement de Besançon (1725-1792) ; d'après des papiers de famille et des documents d'archives inédits. (*Mémoires de la Société d'Emulation du Doubs*, 1927, p. 189).

aisé, l'homme riche, qui possédait une habitation, un *manage*, un *manoir*, une *manandie*, ou, comme on l'a dit plus tard, qui avait pignon sur rue, ce mot s'est appliqué ensuite aux bourgeois ou habitants obligés de séjourner dans la limite seigneuriale, pour devenir enfin synonyme de personne grossière et impolie.

Quant aux expressions *manantie, manantise, manantage*, après avoir signifié : habitation, domaine, elles désignèrent le droit de l'habitant de la commune, puis une sorte de redevance ou droit de séjour.

Or, le Tribunal de Bailliage de Vesoul avait, à la date du 9 janvier 1779, rendu un jugement interdisant aux officiers municipaux de percevoir ce droit de manantage (1). Les intéressés frappèrent d'appel cette décision judiciaire, invoquant à l'appui de leur thèse la possession immémoriale de ladite prérogative, ainsi que l'exemple des villes de Salins, Arbois, Poligny, Orgelet, Ornans, Pontarlier. L'avocat général Bergeret, après avoir défini ce droit et recherché son origine, soutint la manière de voir des appelants ; il démontra, par des arguments juridiques et historiques, que le droit de manantage existant à Vesoul n'était ni une exaction, ni une perception, comme on le prétendait. Les officiers municipaux, ayant un droit patrimonial incontestable d'accorder moyennant finance des lettres de bourgeoisie, peuvent, par analogie, percevoir le droit de manantage, grâce auquel des étrangers obtiendront l'autorisation de venir s'établir dans la ville, d'y résider, d'y exercer une profession ou un métier, sans être bourgeois de la cité. Après être remonté à l'origine de cette coutume, en 1566, en avoir signalé les interruptions durant les périodes de guerres et de calamités, l'avocat général Bergeret conclut à la réformation du jugement incriminé et demanda par suite le maintien de la possession du droit de manantage au profit des officiers municipaux de la ville de Vesoul. Le Parlement adopta sa manière de voir et rendit, le 26 février 1782, un arrêt conforme à ces savantes et intéressantes conclusions.

____

(1) Malgré les recherches effectuées aux Archives départementales de la Haute-Saône et du Doubs, il a été impossible de retrouver le texte de ce jugement, mais les faits sont suffisamment rappelés dans l'arrêt du Parlement reproduit plus loin.

Voici maintenant le texte *in-extenso* des réquisitions de l'avocat général Bergeret, dont nous modernisons simplement l'orthographe, afin d'en rendre la lecture plus facile.   ROGER ROUX.

CONCLUSIONS DE L'AVOCAT GÉNÉRAL BERGERET
AU SUJET DU DROIT
DE MANANTAGE DANS LA VILLE DE VESOUL

Le droit de bourgeoisie dans la ville de Vesoul ne s'accorde aux étrangers que moyennant une somme capitale de 66 livres, 13 sols, 4 deniers. Une partie des avantages attachès à ce droit ne peut appartenir aux simples *résidents* ou *manants* qu'en vertu d'une concession particulière ; cette concession n'est pas gratuite, elle ne se fait qu'à la charge de payer annuellement une redevance de 2 l. 13 s. 4 d. qui est versée dans la caisse des deniers patrimoniaux de cette ville ; on en fait un rôle qui est visé et homologué par le commissaire-départi [intendant des provinces] pour être exécuté sur tous les contribuables et c'est cette redevance qu'on appelle le *droit de manantage*.

L'époque de l'établissement de ce droit n'est pas connue ; on ne voit à cet égard, ni concession. ni loi du souverain, ni constitution, ni traité ; peut-être son origine se confond-elle avec celle de la ville même, peut-être n'a-t-il d'autre principe et d'autre fondement que ceux de la formation des sociétés où nul ne peut être admis qu'en fournissant son contingent ; mais à défaut de titres constitutifs, les officiers municipaux invoquent une possession très ancienne et de plus de deux siècles, sauf néanmoins quelques variations dans le taux de la contribution.

Ce n'est pas, ils en conviennent, que cette possession n'ait éprouvé quelques contradictions ; mais, disent-ils, loin que les contestations en petit nombre qu'ils ont eu à soutenir à ce sujet aient pu l'affaiblir, elles lui ont, au contraire, donné plus de force, puisque toutes ces contestations ont été terminées ou par les soumissions des particuliers, ou par les ordonnances et jugements de condamnation contre les refusants, ou par des arrêts qui l'ont solennellement confirmée.

Dans le fait, en 1775, quelques particuliers agissant de concert ont renouvelé cette contestation et ont tenté de se soustraire au paiement de ce droit ; sur leur refus, les officiers municipaux se sont retirés par-devant le commissaire-départi pour faire déclarer les rôles exécutoires, ce qui fut en effet décidé par Ordonnance du 11 mai 1777. En conséquence, ils ont fait procéder par saisie, par le fait de leur receveur, sur les meubles et effets des refusants ; ceux-ci y ont d'abord formé opposition par-devant le même juge, mais bientôt, abandonnant cette voie, ils se sont désistés de cette opposition et en ont formé une nouvelle aux rôles mêmes qu'ils ont portée par-devant les officiers du Bailliage de Vesoul. La cause ayant été portée à l'audience du 9 janvier 1779, il y fut rendu jugement par défaut qui donna main-levée provisionnelle aux demandeurs des meubles et effets sur eux saisis, fit défense par provision aux officiers municipaux de percevoir le droit par eux qualifié de manantage et, sur le réquisitoire des Gens du Roi, il fut ordonné aux municipaux de communiquer « les titres sur lesquels ils fondaient la perception de ce droit, pour ensuite être fait droit aux parties définitivement, ainsi qu'il appartiendrait. »

Les officiers municipaux ont appelé de ce jugement par-devant la Cour, où ils demandent l'évocation du fond de la contestation ; ils soutiennent que le jugement est *nul* dans la forme et *injuste* dans ses dispositions : *nul* en ce qu'il est en contradiction manifeste avec le prescrit des lettres-patentes du 14 avril 1768, concernant la levée des impositions, qui interdisent à tous juges la connaissance des rôles permis et ordonnés par le commissaire-départi et qui, suivant

cet article, doivent toujours être exécutés par provision,
les contribuables contraints à payer leurs cotes nonobs-
tant les oppositions qu'ils pourraient former, de quelque nature qu'elles puissent être, sans que les officiers
des Bailliages, ni même les Cours, puissent donner des
défenses à ce contraires ; — *injuste* en ce que, contre
tous les principes du droit et d'une jurisprudence
universelle, il a refusé la provision à une possession
immémoriale, avouée, reconnue et confirmée par
arrêt et l'a accordée au contraire à de vaines allégations
hasardées par les intimés contre la légitimité de ce
droit.

Les appelants ne prétendent pas contester la
compétence du Bailliage sur l'opposition aux rôles dont
il s'agit, mais ils soutiennent que les juges de ce siège,
ne prononçant pas définitivement sur le mérite de l'opposition ni sur la validité ou invalidité de ces rôles,
devaient nécessairement en ordonner l'exécution provisionnelle ; la loi en était écrite et elle ne demandait
aucune interprétation ; les motifs sur lesquels elle est
fondée se font assez sentir : les deniers publics, étant
destinés à l'acquittement des charges et à l'entretien
de la chose publique, ne doivent souffrir aucun retar-
dement dans leur perception et dans leur recouvrement.

Mais, indépendamment de cette loi, la notoriété
du droit de manantage dans la ville de Vesoul, la
notoriété de la possession ancienne et constante où
étaient les municipaux de percevoir ce droit, la notoriété de cette perception faite régulièrement chaque
année, reconnue, confirmée par des jugements et par
conséquent consignée dans les greffes du Bailliage,
devaient suffire pour déterminer les premiers juges à
une disposition contraire, et cela seul ne laisse aucun
doute sur l'injustice du jugement dont est appel.

Ce n'est pas simplement sur l'opinion publique,

continuent les appelants, ce n'est pas seulement par le fait de la perception qu'ils démontrent l'ancienneté et la légitimité de leur possession. Déjà en 1566, les officiers municipaux délibèrent de faire avertir les nouveaux venus de se rendre au conseil pour aviser sur leur réception et de la somme qu'ils paieront en attendant qu'ils soient reçus. Cette première trace qu'on aperçoive du droit de manantage le suppose déjà préexistant ; à la vérité, le taux de la contribution est encore arbitraire, mais le droit en lui-même n'en existe pas moins réellement. Cette cotisation fut sans doute fixée par quelque règlement postérieur puisque, en 1640, on prend délibération de faire payer les huit francs dûs par chaque étranger et quatre francs pour les veuves.

On ne contestait point alors aux officiers municipaux le pouvoir d'accorder des lettres de bourgeoisie moyennant finance, ni d'exiger une contribution annuelle des simples résidents jusqu'à ce qu'ils eussent obtenu des lettres de cette espèce. Le seul acte de résistance qu'on ait vu depuis 1566 jusqu'en 1640, fut de la part d'un nommé Hurligney, nouvellement établi à Vesoul, qui, non content de la remise qui lui était faite d'une partie de la somme fixée par les statuts pour l'obtention du droit de bourgeoisie, s'obstina à ne faire que des offres insuffisantes. Sur son refus, il lui fut fait injonction de se retirer de la ville dans le délai de six mois. Cette injonction fut confirmée par une sentence du lieutenant général du Bailliage. Hurligney en appela par-devant la Cour, qui, par arrêt du 15 septembre 1588, déclara qu'il avait été appelé sans grief et condamna Hurligney à l'amende de son frivole appel et aux dépens.

Ainsi, disent les appelants, la possession de la contribution pour le droit de bourgeoisie et par une suite nécessaire celle du droit de manantage, sont déjà solennellement confirmées par un arrêt rendu depuis près de deux siècles. En 1646, les officiers municipaux, déterminés par de bonnes considérations, crurent devoir faire un nouveau règlement sur le taux du droit de manantage et, par une délibération du 17 mai de la même année, ils le fixèrent à moitié de ce qu'il avait été jusqu'alors ; ils statuèrent que les manants paieraient quatre francs et la moitié seulement pour ceux qui auraient épousé des filles de bourgeois ; c'est le dernier changement qu'ait éprouvé ce droit dans sa fixation.

Dès lors, il fut exercé sans contradiction jusqu'en 1684, temps auquel cinq particuliers ayant refusé d'y satisfaire, le receveur ouvrit ses poursuites et bientôt, par leur soumission, il fut rendu sentence de condamnation, suivie d'exécution.

En 1707, le nommé François Noël, ayant aussi refusé le paiement, y fut condamné par sentence qui lui fut signifiée et à laquelle il fut forcé d'acquiescer. Ainsi les officiers municipaux surmontèrent toutes les contradictions et se maintinrent dans la possession du droit dont il s'agit. Les rôles ne furent point interrompus chaque année ; le receveur en fit état, qui lui fut alloué dans les comptes des deniers patrimoniaux de la ville. Le relevé de ces comptes depuis 1680 jusqu'à 1715, donné par le receveur Guéritot chargé de cette partie pendant tout le cours de ce temps, en justifie pleinement ; ce relevé est produit, ainsi que les comptes précédents à remonter jusqu'en 1750.

D'après toutes ces preuves d'une possession si ancienne et si soutenue, il semblait que ce droit de manantage ne devait plus être combattu : cependant, en 1715, le procureur Loison fit encore une nouvelle tentative pour s'y soustraire ; il refusa de payer et, sur l'assignation qui lui fut donnée, il soutint en thèse générale que cette prestation n'était qu'une exaction parce qu'elle n'était pas autorisée par lettres-patentes, et, par exception particulière, il prétendit qu'à raison de l'office qu'il exerçait dans cette ville il devait en être exempt ; les officiers municipaux lui opposèrent l'ancienneté de leur possession, ainsi que toutes les ordonnances, jugements et arrêts qui l'avaient confirmée jusqu'alors. Ils soutinrent que l'office de procureur ne pouvait être un titre d'exemption d'un droit de cette espèce. ils s'appuyèrent sur une multitude d'exemples, et, sur ces moyens, le commissaire-départi rendit jugement de condamnation contre le procureur Loison, qui, sur la signification qui lui en fut faite, paya cinq termes arriérés de ce droit, comme il est prouvé par le compte-rendu en 1718 par le receveur Guéritot ; ainsi cette contestation, loin d'atténuer la possession des officiers municipaux, ne servit qu'à lui donner une nouvelle force.

Dès lors, aucun des contribuables n'avait tenté de se soustraire au paiement du droit dont il s'agit, chaque année ; il avait été perçu en la forme ordinaire et sans aucune contradiction ; et c'est après soixante ans de calme que les intimés, ayant à leur tête un praticien hardi et entreprenant, et séduits par ses sollicitations, ont cru pouvoir risquer une nouvelle tentative et revenir encore contre un droit si incontestable et si souvent confirmé.

Ce droit n'est point insolite dans cette province ; il est d'usage dans les villes de Salins, d'Arbois, de Poligny, d'Orgelet, d'Ornans, de Pontarlier et plusieurs autres ; partout il n'est fondé que sur une possession immémoriale, qui suppose toujours un titre constitutif et légal ou qui en est l'équivalent, et c'est sur ce fondement unique que la ville d'Arbois a été maintenue dans la jouissance et possession de ce droit, par arrêt du 10 mai 1779.

Les motifs de décision sont les mêmes pour la ville de Vesoul et, s'il y a quelques différences entre la possession dont se prévalent les appelants et celle qu'invoquaient les officiers municipaux de Salins, elle est tout à l'avantage de ceux de Vesoul, puisque leur possession remonte à plus de deux siècles, tandis que celle de Salins n'était prouvée que de l'an 1636 ; d'où les appelants croient pouvoir espérer à plus forte raison une décision également favorable.

Espérance vaine, répondent les intimés ; les moyens sur lesquels la ville de Salins appuyait ses prétentions étaient si différents de ceux dont se servent les appelants qu'ils ne peuvent en tirer ni induction, ni conséquence en leur faveur ; les uns étaient si pressants et les autres si défectueux que l'arrêt de 1779 ne peut nullement influer sur celui qui doit être rendu sur la contestation actuelle.

La ville de Salins, comme celle de Vesoul, ne produisit à la vérité aucun titre constitutif du droit de manantage, mais elle avait sa capitulation particulière par laquelle elle avait été confirmée dans la possession de tous ses privilèges et spécialement de cette espèce de droit. Les appelants n'employent rien de semblable pour fondement de leur prétention. A Salins, la confirmation du droit de manantage avait tout l'emport d'une concession de la part du souverain : ici, on ne voit nulle trace de sa volonté, nul sceau de son autorité. En un mot, là, c'était un droit légitime, un usage approuvé, autorisé, confirmé, une perception juste ; ici, ce n'est qu'une imposition, ou plutôt une taille personnelle illicite, un abus intolérable, une véritable exaction contraire à la liberté des sujets et à tous les principes de notre droit public. En effet, aux termes de nos anciennes ordonnances, « il est défendu à tous, n'ayant charge particulière, ni pouvoir et autorité de souverain, de cotiser ou imposer les sujets habitant au Comté de Bourgogne, à peine de confiscation de corps et de biens. » L'application de cette loi prohibitive se fait naturellement à la confection des rôles du droit de manantage dont il s'agit ; mais. en suivant le parallèle de ces deux villes relativement au droit légitime et si l'on examine leurs différentes possessions, on aperçoit bientôt dans celle de Salins le motif d'une décision favorable et dans celle de Vesoul la nécessité d'une décision contraire.

Ce n'est point assez d'alléguer une possession ancienne et de plusieurs siècles ; il faut encore que cette possession ait été constante, paisible et uniforme. Telle était celle dont les municipaux de Salins se prévalaient ; reconnaît-on ces caractères dans celle de Vesoul ? Dès la première époque connue, c'est-à-dire depuis 1566 jusqu'à 1640, on ne peut présumer qu'une taxe arbitraire ; nul acte, nulle délibération, nul registre, ne justifie de la fixation de cette contribution. Ce n'est qu'à la seconde époque que les municipaux délibèrent et, de leur propre autorité, fixent le droit de manantage à 8 francs par chaque étranger et à 4 francs pour les veuves. Cette fixation excessive ne pouvait durer longtemps ; l'expérience de peu d'années fit connaître combien elle était injuste et onéreuse pour les habitants qui y étaient assujettis ; aussi, pour faire cesser les manœuvres qu'elle excitait, les officiers municipaux se virent-ils forcés de restreindre cette charge à 4 francs pour chaque manant et de moitié pour ceux qui avaient épousé des filles de bourgeois : tel fut le résultat de la délibération du 19 mai 1646.

Tant de mobilité, tant de variations, annoncent

assez combien la possession dont les appelants se réclament a été vicieuse dans son principe et qu'elle n'a jamais eu d'autre fondement que le caprice et la volonté des administrateurs des droits municipaux. Les différents changements devaient opérer la même inconstance dans la perception du droit dont il s'agit. Quoique la délibération du 19 mai 1646 n'ait été suivie d'aucun autre règlement exprès sur cet objet, on doit présumer cependant qu'il y en a eu de tacite pour rendre cette cotisation perpétuellement arbitraire, puisque, par les comptes qui ont été produits, on ne voit nulle uniformité dans les taxes, qu'elles sont plus ou moins fortes, que la plupart sont au-dessous de 2 l. 13 s. 4 d. On ne justifie pas même que cette perception ait été faite successivement chaque année parce qu'on ne rapporte que des comptes éloignés les uns des autres.

Faut-il donc s'étonner si cette possession, qui a souffert tant de modifications, qu'on n'a étayée que de quelques ordonnances ou jugements adroitement préparés et qui n'ont eu aucune exécution, a si souvent excité des murmures et si elle a enfin donné lieu aux plaintes des intimés ?

Pour couvrir le défaut de titre constitutif et pour pallier les vices de cette possession, les appelants se sont prévalus d'un arrêt rendu en 1588 contre le nommé Hurligney, de quelques sentences rendues en 1684 et 1707 contre plusieurs particuliers qui s'étaient mis en refus de payer le droit de manantage et d'une ordonnance du commissaire-départi du 10 mars 1718 portant condamnation contre le procureur Loison, qui s'était prétendu exempt à raison de son office.

Mais quoi de plus équivoque pour justifier le prétendu droit de manantage dont il s'agit ? L'arrêt rendu en 1588 contre Hurligney n'avait aucun trait à cette espèce de droit : il ne s'agissait que du droit de bourgeoisie et de la somme qu'on exigeait de ce particulier pour l'obtention de ses lettres ; il demandait la réformation du jugement qui lui enjoignait de se retirer de la ville à défaut de ce paiement ; il semble même qu'on n'avait alors nulle idée du droit de manantage puisqu'on ne lui permit pas même de résider à Vesoul comme simple manant et qu'on ne lui laissa point d'option à cet égard. Il eût été cependant juste et naturel, au défaut du droit de bourgeoisie qu'il ne voulait pas payer, de lui permettre du moins cette résidence moyennant la prestation annuelle du manantage avant de l'obliger à quitter la ville. Ainsi, cette décision, loin de favoriser la possession des appelants, y est au contraire diamétralement opposée.

En 1684, il y eut à la vérité cinq sentences rendues contre plusieurs particuliers sur leurs soumissions, mais on ne voit pas que ces sentences aient été signifiées, ni qu'elles aient été suivies d'exécution.

Enfin, l'ordonnance portant condamnation contre le procureur Loison, en 1718, lui fut signifiée, mais le traitement qu'on lui fit peu de temps après prouve que la contestation qu'il avait faite aux municipaux n'était qu'un jeu, qu'il n'avait fait que se prêter à leurs desseins pour leur ménager une décision qui pût leur servir pour le maintien de leur possession. On y mit à la vérité les formes ordinaires de la justice, mais bientôt après il reçut le prix de sa complaisance en obtenant des lettres de bourgeoisie.

Pour dernière ressource, les appelants ont employé un relevé de comptes fait en 1716 par le sieur Guéritot de la perception qu'il a faite du droit de manantage pendant tout le temps qu'il a exercé la commission de receveur de la ville, c'est-à-dire depuis 1680 jusqu'en 1715, avec un certificat donné par le sieur Aimonet, secrétaire de la même ville, en date du 21 mai 1724, qui atteste qu'ayant vu et examiné tous les comptes depuis l'an 1565 jusqu'en 1723, tous les receveurs ont fait état des droits qu'ils ont levés et perçus ponctuellement d'année à autre des résidents non bourgeois, lequel droit, ajoute-t-il, s'est levé, savoir de ceux dont les femmes ne sont pas de la ville, à 2 l. 13 s. 4 d. et réduit à la moitié quant à ceux qui ont pris femmes originaires de la ville, comme il est contenu et porté dans tous lesdits comptes.

Ces deux actes ne peuvent être d'aucune considération : d'abord le relevé de comptes de Guéritot ne fait pas la plus légère mention du taux de la contribution pour le manantage et par conséquent ne prouve rien pour la prétendue possession des appelants. Quant au certificat d'Aimonet, il est si évidemment contraire aux délibérations de 1566 et de 1640 et aux comptes qui ont été produits, qu'on est étonné que les appelants l'aient placé au rang des preuves de leur possession.

En effet, comment le secrétaire a-t-il pu affirmer que le taux du manantage à 2 l. 13 s. 4 d. a été rapporté dans tous les comptes des receveurs à remonter jusqu'en 1565, tandis que le taux n'a été fixé que par la délibération de 1646, tandis que celle de 1640 l'avait réglé en double, tandis que dans les comptes produits on trouve une multitude de cotisations plus ou moins fortes ? Si un tel acte déjà prescrit par la disposition des ordonnances n'est pas un moyen de plus contre la prétention des appelants, il est certain du moins qu'ils ne peuvent s'en aider pour prouver leur prétendue possession.

Ainsi donc, la perception du droit de manantage dans la ville de Vesoul n'est fondé ni en titre, ni en possession ou du moins en possession uniforme. S'il pouvait subsister, ce ne serait sans doute que conformément à la fixation qui en serait faite par la Cour en une somme très modique relative aux rôles de perception qui ont été produits : tel est l'objet d'une conclusion subsidiaire prise par les intimés.

———

Si nous examinons nous-même la nature de ce droit et la perception qui en a été faite par les officiers municipaux de Vesoul, nous sommes bien éloigné d'adopter les qualifications odieuses d'exaction, de perception illicite que les intimés lui ont données.

Ce droit est vraiment patrimonial, vérifié tel lors de la remise des comptes au greffe de la Cour en exécution de la déclaration du 11 février 1764, et, pour en convaincre les intimés, il ne faut qu'un raisonnement bien simple. De **leur** aveu, le droit appartenant aux municipaux d'accorder des lettres de bourgeoisie moyennant finance est patrimonial, incontestable. Le droit de manantage qui y est évidemment relatif en ce que, au moyen du paiement annuel de ce droit, il est permis aux étrangers de venir s'établir à Vesoul, d'y résider, d'y exercer des emplois, des professions, des métiers, sans être bourgeois, est nécessairement de même nature.

Ces droits ont l'un et l'autre le même principe, qui est l'obligation naturellement imposée à tous les habitants de contribuer à la chose publique et à l'acquisition de ses charges ; voilà sans doute le titre primordial de cette sorte de droits dans toutes les villes où ils sont en usage ; ce n'est donc que dans une possession ancienne et soutenue que le droit de manantage peut puiser son existence et sa force. Voyons si celle dont les appelants se prévalent réunit ces caractères et si la critique que les intimés en ont faite peut mériter quelque attention.

Déjà son ancienneté ne peut être combattue,

puisqu'on en voit des traces non équivoques dans une délibération de 1566 et, quand on pourrait supposer quelque courte interruption dans la perception pendant ces temps malheureux où les guerres et la contagion portaient la désolation et la mort dans toutes les parties de cette province, serait-il permis d'en conclure que cette possession en aurait souffert quelque altération ou quelque affaiblissement ? Quel trouble une telle conséquence ne jetterait-elle pas dans la société sur tous les droits qui n'ont pour base qu'une possession immémoriale ?

Si, pour réparer les pertes occasionnées par toutes ces calamités, les municipaux de Vesoul se hâtèrent en 1640 de rendre un libre cours à l'exercice de leurs droits : si, par des considérations pressantes, ils portèrent le droit de manantage à 8 francs pour les étrangers et à 4 francs pour les veuves ; si en 1646 le calme et la tranquillité étant entièrement rétablis dans leur ville, ils le restreignirent enfin à 4 francs et à moitié pour ceux qui auraient épousé des filles de bourgeois, en résultera-t-il un vice pour cette possession, dont l'antiquité fera toujours supposer la légalité et l'approbation de l'autorité, malgré toutes les variations que les circonstances rendaient alors indispensables ?

D'ailleurs, à s'en tenir à l'époque de la délibération de 1646, qui a fixé irrévocablement le taux de la contribution dont il s'agit à 2 l. 13 s. 4 d. et à moitié pour ceux qui épousent des filles d'origine bourgeoise, la possession des appelants ne serait-elle pas encore plus que suffisante ? Et, à combien plus forte raison doit-elle être hors d'atteinte si, comme on le voit, cette délibération suppose déjà un droit préexistant et dont l'origine se perd dans l'antiquité : les intimés sont forcés d'en convenir ; aussi se sont-ils attachés principalement à combattre la possession depuis cette dernière époque ; ils ont dit qu'elle n'avait été ni constante, ni uniforme, puisque les appelants n'avaient produit qu'un petit nombre de comptes pour plus de soixante années, à commencer seulement dès 1718, et que, dans ces comptes, on trouvait une multitude de perceptions plus ou moins fortes, au-dessous de 2 l. 13 s. 4 d. et quelques-unes seulement portées à cette somme ; d'où ils ont tiré cette conséquence que tout était nul et incertain dans la possession parce que tout était arbitraire dans la perception ; mais toutes ces clameurs doivent paraître indiscrètes lorsqu'on voit une perception exactement suivie depuis la délibération de 1646 jusqu'à présent, Les appelants n'avaient d'abord rapporté que sept cahiers depuis 1718 ; ils avaient cru qu'il leur suffisait de prouver le dernier état de choses, mais dès lors, ils en ont produit un grand nombre dans chacun desquels l'on voit le chapitre du manantage détaillé en autant d'articles qu'il y a de contribuables. A la vérité, nous y trouvons des perceptions plus ou moins fortes, nous en voyons une grande quantité au dessous de la taxe de 2 l. 13 s. 4 d., mais nous y trouvons également les motifs des diminutions qui y sont faites. On y lit ces termes : « Reçu d'un tel 5 sols, reçu d'un tel 10 sols, le surplus lui ayant été remis à cause de sa pauvreté ou pour quelque autre motif, comme de services rendus ou de quelques compensations. » On y remarque même qu'en 1690, ensuite de délibération du magistrat, « le droit de manantage ne fut point exigé à raison du grand nombre de troupes qui étaient dans la ville » ; mais, loin que les remises ou diminutions aient pu nuire à la possession des appelants, loin qu'on puisse en induire un arbitraire capable de l'affaiblir, il nous paraît au contraire qu'elles y ajoutent un nouveau degré de force et de valeur par l'expression des motifs qui y donnent lieu. En effet, quel signe plus certain de la propriété d'un droit que le pouvoir d'en faire la remise ou la diminution suivant les ordonnances ? Et n'y a-t-il pas eu quelques torts, de l'ingratitude, d'abuser de ce bienfait et de s'en faire un prétexte pour combattre la légitimité de ce droit ? Comment les intimés ont ils pu se flatter de faire anéantir un droit patrimonial notoirement reconnu et avoué tel par le plus grand nombre et dans tous les temps ? Comment ont-ils pu espérer le succès d'une entreprise conçue dans les ténèbres, dirigée dans un esprit d'indépendance et dans laquelle ils n'ont été entraînés que par des sollicitations sourdes et insidieuses ? L'usage des autres villes de la province, où le droit se perçoit sans contradiction, l'exemple récent d'une contestation semblable à celle-ci, jugée par arrêt de la Cour en faveur de la ville de Salins, n'auraient-ils pas dû les réduire au silence ?

En vain disent-ils que la possession de la ville de Salins était appuyée par des fondements plus solides puisqu'elle se prévalait de sa capitulation particulière, qui l'avait confirmée dans la jouissance de ce droit : ce moyen ne prouve rien pour eux ; non seulement ils ne rapportent point les termes de cette prétendue capitulation, mais ils sont encore très éloignés de justifier que tel ait été l'unique motif de l'arrêt qu'on leur oppose, et d'ailleurs par la capitulation générale toutes les villes de la province ne sont-elles pas censées conservées dans la jouissance et dans la possession de leurs droits et de leurs privilèges ? Pourraient-ils contester le droit d'accorder des lettres de bourgeoisie moyennant finance sur ce que ce droit n'est pas nommément et spécialement réservé dans cette capitulation, et pourquoi contestent-ils sur ce prétexte celui du manantage qui y a tant d'analogie ?

Concluons donc que la possession seule, lorsqu'elle est ancienne, immémoriale et suivie sans altération est suffisante pour rendre un droit de cette espèce indestructible ; que celle dont les appelants se prévalent ayant tous ces caractères est pour eux le titre le plus fort et le plus puissant pour prouver la légitimité de leur droit et pour leur en garantir le libre exercice.

Dans ces circonstances, nous estimons qu'il y a lieu de mettre l'appellation et le jugement dont elle provient au néant ; émendant, évoquant et faisant droit, maintenir et garder les officiers municipaux de la ville de Vesoul dans la possession du droit de manantage sur le pied de 2 l. 13 s. 4 d. sur chaque contribuable, réduit à moitié sur ceux qui auront épousé des femmes bourgeoises ; faire défense à tous, et notamment aux intimés, de les y troubler, aux peines de droit ; convertissant en simples citations les saisies faites sur les meubles et effets des intimés, les condamner à payer les termes arriérés de ce droit et de continuer de payer de même à l'avenir : les débouter de toutes fins contraires et les condamner aux dépens, tant de l'instance que de l'appel.

Après avoir reproduit les conclusions de l'avocat général Bergeret, nous croyons intéressant de donner également le texte *in-extenso* de l'arrêt du Parlement de Besançon, en date du 26 février 1782. Les *qualités* du début rappellent les noms des parties en cause, ainsi que leurs prétentions respectives ; le dispositif de l'arrêt, réformant le jugement du Tribunal de Bailliage de Vesoul, adopte la théorie du ministère public et maintient les officiers municipaux de cette ville en possession du vieux droit de manantage. (1)

---

(1) Archives départementales du Doubs ; Recueil des arrêts de la Grand'Chambre (1774-1790) ; B. 1654, n° 137, f° 98. Nous modernisons également l'orthographe et la ponctuation de ce texte ancien.

ARRÊT DU 26 FÉVRIER 1782

Entre les officiers municipaux de la ville de
vesoul, appelants de sentence rendue au Bailliage de
Vesoul, le 9 janvier 1779, aux fins de lettre et exploit
des 1ᵉʳ et 2 septembre suivants, par laquelle les officiers
dud. siège, après avoir ouï les intimés ci-après nom-
més et les conclusions de l'Avocat du Roi Guerrin
pour le Procureur du Roi dud. siège, après avoir
vu le défaut levé au greffe des présentations dud. siège
par les intimés contre les appelants le 30 décem-
bre 1748, ont déclaré led. défaut bien et dûment
obtenu pour le profit, ont déchargé lesd. intimés par
provision des saisies faites sur leurs meubles et effets,
ont fait défense par même provision aux officiers
municipaux de la ville de Vesoul de percevoir le droit
par eux qualifié de manantage, et faisant droit sur le
réquisitoire des Gens du Roi ont ordonné aux appelants de leur communiquer les titres qui leur accordent
la perception de ce droit, dans la huitaine, pour être
ensuite fait droit ainsi qu'il appartiendra, les dépens
réservés ; lesd. appelants comparant par le procureur
Dormoy, assisté de l'avocat Brussaux ; d'une part ;

André Rondot, maître tailleur d'habits ; François
Garret, fils, marchand ; Philibert Beaux, menuisier ;
le nommé Enfreville, marchand cafetier ; François
Lafontaine, orfèvre ; George Borey, maître perruquier ;
Claudon, marchand épicier ; Pierre-Etienne Perrier,
tailleur d'habits ; Antoine Gouzot, maître menuisier ;
le nommé Villers, marchand, et le nommé Jacques,
aussi marchand ; tous demeurant à Vesoul, intimés,
comparant par le procureur receveur assisté de l'avocat
Ringuel ; d'autre part.

Les appelants ont conclu par leur requête répon-
due par *soil-signifiée et plaidée* le 3 avril 1780 à ce qu'il

plaise à la Cour : mettre l'appellation et ce dont est appel au néant ; émendant, évoquant et faisant droit, maintenir les gardes de la ville de Vesoul dans le droit et la possession du droit d'imposer sur les manants non bourgeois pour manantage de la somme annuelle de 53 sols 8 deniers, réductible à la moitié pour ceux ayant épousé femme originaire de Vesoul : faire défense à tous, notamment aux intimés, en vertu des rôles du droit de manantage |de les y troubler, aux peines de droit ; déclarer les saisies faites sur les meubles et effets des intimés] (1) bonnes et valables, du moins les convertissant en simple citation les condamner à payer, tant pour le passé que pour l'avenir, le droit de manantage ; les débouter de toutes fins et conclusions contraires et les condamner aux dépens, tant d'instance que d'appel :

Et, dans le cas où elle ne prendrait pas le parti de l'évocation, à ce qu'il plaise à la Cour mettre l'appellation et la sentence dont appel au néant ; émendant, révoquer la main-levée provisionnelle accordée aux intimés par ladite sentence ; condamner au contraire ceux-ci à payer par provision de la plaid pendant le droit de manantage, soit pour les années arriérées, soit pour celles à venir ; de les condamner aux dépens de l'appel.

Les intimés ont conclu, par requête signifiée le 5 février courant, à ce qu'il plaise à la Cour : mettre l'appellation et ce dont est appel au néant ; évoquant et faisant droit, déclarer les officiers municipaux de la ville de Vesoul non recevables en leurs fins et conclusions, du moins les en débouter : ce faisant, accorder définitivement main-levée des saisies faites sur leurs

____

(1) La phrase placée entre crochets a été rétablie par nous, car il y avait certainement là une ou deux lignes omises involontairement par le greffier en recopiant l'arrêt. — R. R.

meubles et effets, décharger les gardiens et séquestres de la reproduction d'iceux, condamner lesd. officiers municipaux aux dommages et intérêts en résultant et aux dépens, tant d'instance que d'appel ; et, au cas où la Cour estimerait qu'il fût dû un droit de manantage dans la ville de Vesoul, déclarer qu'il sera et demeurera fixé à telle prestation modique qu'il plaira à la Cour arbitrer sur chaque particulier résidant à Vesoul, non bourgeois, relativement aux rôles de perception qui en ont été faits ci-devant ; faire défense aux appelants de rien exiger au-delà, aux peines de droit, et les condamner encore en ce cas aux dépens, tant d'instance que d'appel ; du moins, mettre l'appellation au néant et ordonner que ce dont est appel sortira son effet ; condamner les appelants à l'amende et aux dépens.

ARRÈT DE LA COUR

Parties ouïes et l'Avocat Général Bergeret pour le Procureur Général du Roi ;

La Cour a mis et met l'appellation et ce dont est appel au néant ; émendant, évoquant et faisant droit, maintient et garde les appelants dans le droit et la possession du droit d'imposer sur les manants non bourgeois pour manantage la somme annuelle de deux livres treize sols huit deniers, réductible à la moitié pour ceux ayant épousé femme originaire de Vesoul ; fait défense à tous, notamment aux intimés, de les y troubler, aux peines de droit ;

Convertissant en simple citation les saisies faites sur les intimés, condamne ces derniers à payer led. **droit** tant pour le passé que pour l'avenir ; les déboute de toutes fins et conclusions contraires et les condamne aux dépens, tant d'instance que d'appel.

Signé : PERRENEY DE GROSBOIS.

Plaidoyers des avocats taxés à 24 l.